LA
FRANCE AU CANADA

CONFÉRENCE

Faite à l'Association générale des Étudiants de Grenoble

LE 9 JANVIER 1889

SOUS LA PRÉSIDENCE DE MONSIEUR LE RECTEUR

PAR

Auguste BOIVIN

AVOCAT A LA COUR D'APPEL, ÉTUDIANT A LA FACULTÉ DES LETTRES
ET A LA FACULTÉ DE DROIT

GRENOBLE

Xavier **DREVET**, éditeur

LIBRAIRE DE L'ACADÉMIE

14, Rue Lafayette, 14

1889

LA
FRANCE AU CANADA

LA
FRANCE AU CANADA

CONFÉRENCE

Faite à l'Association générale des Étudiants de Grenoble

LE 9 JANVIER 1889

SOUS LA PRÉSIDENCE DE MONSIEUR LE RECTEUR

PAR

Auguste BOIVIN

AVOCAT A LA COUR D'APPEL, ETUDIANT A LA FACULTÉ DES LETTRES
ET A LA FACULTÉ DE DROIT

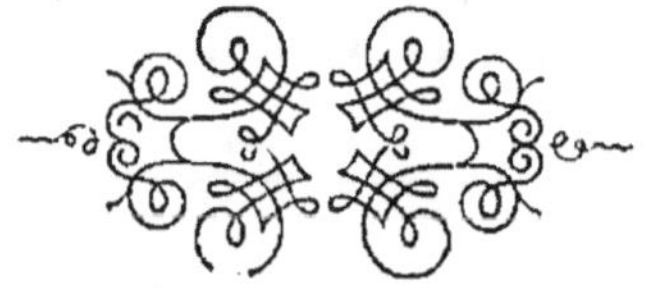

GRENOBLE

Xavier **DREVET**, éditeur

LIBRAIRE DE L'ACADÉMIE

14, Rue Lafayette, 14

1889

LA
FRANCE AU CANADA

Monsieur le Recteur,
Messieurs,

Comme l'a dit avec raison M. Paul Leroy-Beaulieu dans son remarquable ouvrage : *De la colonisation chez les peuples modernes*, « la France tient dans « l'histoire de la colonisation une place infiniment plus « grande que celle qu'elle occupe aujourd'hui sur la « carte du monde ; entrée en même temps que l'An- « gleterre dans la voie des découvertes et des colonies, « elle lutta pendant près de deux siècles avec cette « puissante rivale et l'on put croire qu'elle l'égalerait « toujours si elle ne parvenait même à la surpasser. » Malheureusement il n'en a pas été ainsi et si nous regardons autour de nous, que voyons-nous ? Les peuples voisins et surtout l'Angleterre se développer et accroître chaque jour leur influence au détriment de la nôtre. Les diverses statistiques officielles pu- bliées en France font chaque année des révélations alarmantes pour la force d'expansion et l'avenir colonial de notre pays. Et cependant, nulle nation au monde ne fournit des hommes plus intrépides que nos voyageurs et nos commerçants. En prenant pour sujet de cet entretien, « la France au Canada », j'ai voulu précisément prouver qu'il n'est pas de peuple qui sache mieux que le nôtre se plier à tous les climats et à toutes les conditions d'existence ; que, en dépit des assertions contraires, le peuple français est essentiellement colonisateur.

Je me propose de comparer, au point de vue colonial, la situation de la France à celle des autres nations, d'exposer ensuite les diverses tentatives de colonisation française dans l'Amérique du Nord, d'étudier chez eux et en eux-mêmes les descendants de la race française au Canada, enfin d'exposer les moyens les plus propres à favoriser l'émigration au Canada à l'époque contemporaine.

Je ne puis apporter ici que les résultats de mes études et de mes réflexions, n'ayant point visité les pays dont je vais vous entretenir ; mais je crois pouvoir vous donner des renseignements précis ; je les ai recueillis de la bouche même de plusieurs de nos compatriotes qui ont habité le Canada.

I.

Ouvrir des débouchés à leurs industries métropolitaines et monopoliser les produits des colonies, tel a été le but poursuivi par toutes les nations de l'Europe. Mais les guerres longues et coûteuses que les unes et les autres soutinrent pour s'assurer ces débouchés, montrèrent suffisamment l'erreur des notions économiques qui les avaient fait entreprendre, l'expérience ayant prouvé qu'elles pouvaient jouir des avantages naturels de ces pays sans aucuns frais. L'Angleterre, instruite par les guerres qu'elle eut à soutenir contre ses treize colonies de l'Amérique du Nord, s'aperçut la première des erreurs de sa politique coloniale. Abandonnés à eux-mêmes, les Etats-Unis trafiquèrent naturellement avec les gens de même race et de même langue qu'eux ; alors l'Angleterre dut regretter les millions d'hommmes inutilement sacrifiés dans la guerre de l'Indépendance ! Un peu plus tard, un phénomène remarquable ne tarda pas à fixer l'opinion des économistes anglais sur la ligne politique à suivre. Nous voulons parler des « *convicts* », que les Anglais jetèrent pêle-mêle en Australie et qui travaillèrent puissamment à étendre leur influence. Dès lors, l'Angleterre facilita l'émigration par tous les moyens possibles.

L'éducation pratique qu'elle donne aux jeunes Anglo-Saxons ne joue pas un rôle moins important dans l'œuvre de la colonisation. De bonne heure, en effet, on apprend au jeune Anglais qu'il n'a rien à attendre de ses parents, que c'est par le travail et l'esprit d'entreprise qu'il s'assurera le confort du « at home » (chez soi). Ainsi préparé à la lutte pour l'existence, il s'habitue à l'idée de perdre un jour de vue le clocher de sa ville natale. L'Angleterre a-t-elle lieu de regretter cette politique ? En 1821, elle avait 22 millions d'habitants ; aujourd'hui, malgré une émigration constante, elle en compte 36 millions, et elle est à la tête d'un empire colonial de 200 millions d'habitants.

Voyons l'Allemagne : avant 1875, elle avait environ 41 millions d'habitants ; cinq ans plus tard, elle en avait 45 millions et cependant l'émigration était de 39,000 en 1875 et en 1880, de 106,000. Et il y a quelque 40 ans, les Allemands n'avaient pas le goût de l'émigration. Mais, attirés par des parents, des amis, qui avaient réussi, on vit s'établir un courant d'émigration considérable. L'Allemagne a pu ainsi établir des groupes puissants dans plusieurs comtés des Etats-Unis et notamment dans le Wisconsin, le Minnéapolis, le Madison, le Milwaukee, où sont précieusement conservées la langue et les mœurs de la mère-patrie. Ces colonies allemandes augmentent dans des proportions notables le commerce de la métropole et exercent aux Etats-Unis une influence déjà puissante sur la politique générale.

La Hollande chaque année essaime dans ses colonies des Antilles et à Célèbes : elle est à la tête d'un empire colonial de 20 millions d'habitants ; sa population, qui s'élevait en 1869 à 3 millions 1/2 d'habitants, en comptait 4 millions 100 mille dix ans après.

La Suède envoie chaque année 18,000 émigrants aux Etats-Unis; sa population était de 2 millions au début de ce siècle, elle avait plus que doublé en 1870 ; il en a été de même pour son commerce d'importation et d'exportation.

Tournons maintenant nos regards vers la France, l'Espagne, la Grèce, qui n'émigrent pas ou presque pas. Nous constaterons que ces pays restent stationnaires ou augmentent dans des proportions à peu près insignifiantes. Coutentons-nous d'examiner notre situation à nous, Français, au milieu du développement général de tous ces peuples. Nous avons vu décroître sans cesse la natalité française ; en 1877, l'excédant des naissances sur les décès était de 99,000 ; en 1878, de 98,000 ; en 1879, de 96,000. Et tandis que les autres nations de l'Europe doublent leur population dans une moyenne de 56 ans, la France n'effectue ce doublement qu'en 198 ans ! Nos colonies comprennent quelques millions d'habitants en y comprenant les troupes, les aborigènes, les fonctionnaires et leurs familles. Si nous ajoutons à ces quelques millions les 37 millions d'habitants de notre pays et les 400,000 Français habitant l'étranger, nous verrons combien est petite, à ce point de vue du nombre, la place que nous occupons dans le monde.

Pourquoi les Français n'émigrent-ils pas ? Sont-ils incapables d'obtenir les mêmes résultats que leurs voisins ? Il suffit d'étudier les faits pour acquérir la

conviction que notre race a toutes les qualités nécessaires, mais qu'elle se perd au milieu d'elle-même.
Quelle influence n'exercions-nous pas sous Henri IV,
Louis XIII, Louis XIV, avec Sully, Colbert, Richelieu,
etc., à ces époques fameuses où nos colons parcou-
raient en tous les sens l'Amérique du Nord ! N'ont-
ils point laissé partout des traces profondes de leur
esprit hardi et colonisateur ? Il a fallu la politique
néfaste de la monarchie à son déclin, qui laissa la
France s'abîmer dans des guerres stériles sur le
continent. Napoléon Ier donna le dernier coup lorsqu'il vendit la Louisiane aux Etats-Unis pour quelques
millions de francs.

Un des effets principaux de notre concentration se
traduisit par la division excessive de la petite propriété foncière. Celle-ci est aujourd'hui répartie entre
les mains de 7 à 8 millions de petits propriétaires qui,
par un labeur incessant de seize heures par jour,
arrachent péniblement au sol la vie de leur femme
et de leurs enfants. Aussi évitent-ils d'avoir une
nombreuse famille. Si le père a réussi, le fils sera-t-il
aussi heureux ? Alors qu'arrive-t-il ? Le père cherche
à placer ses fils dans l'administration. De là naît
l'encombrement des fonctions publiques. Que de
belles intelligences, que de courages, que de jeunesse
s'éteignent ainsi dans la poursuite des places ! Sous
le second Empire, nous avons vu l'ouvrier des cam-
pagnes, le cultivateur, quitter la pioche pour venir à
la ville chercher une amélioration (1) à leur sort et ce

____

(1) La population comparée des villes de 30,000 âmes
et au-dessus, en 1876 et 1881, donne une augmentation

mouvement n'a cessé de se produire. L'enfant de la campagne vient à la ville chercher la fortune ; il y trouve la perte de sa santé et de sa force.

Le remède est tout indiqué. Déplaçons le paysan sachant lire, écrire et compter et transportons-le par la pensée à l'étranger, dans une contrée neuve et nouvellement ouverte. Peu de bois à abattre : il se bâtit une petite maison, il a une récolte au bout d'une année de travail, il a une petite propriété et sa situation va s'améliorer peu à peu. Loin de nous la pensée de faire édifier des fortunes chimériques, d'entraîner des enthousiasmes irréfléchis. Nous ne parlons que de ceux qui voudront faire une fortune assurée sous un climat favorable. Sans doute les sols fertiles des pays tropicaux engendrent une végétation luxuriante, mais que nous importent ces fruits savoureux, ces moissons luxuriantes, si les pays qui les produisent engendrent des fièvres et des miasmes délétères ? Et cependant, c'est vers des pays semblables, c'est vers le Sénégal, le Tonkin, la Guyane que la France a dirigé ses entreprises coloniales jusqu'à ce jour ? Les agriculteurs ne peuvent vivre sous de tels climats et ils vont se noyer dans des pays étrangers comme les Etats-Unis, où s'opère en peu d'années la fusion des races. Des agences d'émigration se sont formées pour le recrutement des émigrants, mais elles ont eu le plus souvent en vue moins le bien-être des émigrants que le rendement de gros dividendes.

---

de près de 490 mille âmes pour les 46 villes qui sont dans ce cas.

Au fait, entendons-nous répéter à chaque instant ? Pourquoi le Français émigrerait-il ? N'est-il pas bien chez lui ? N'a-t-il pas tout ce dont il a besoin ? C'est là ce que nous contestons. La vie que mène le paysan, de l'aveu de la majorité des économistes, est misérable, comparée à la somme de travail qu'il fournit. Les Français émigreraient volontiers s'ils retrouvaient à l'étranger l'image de la mère-patrie. Nos mœurs, il faut l'avouer, jouent un rôle important dans l'œuvre de la décroissance de la population. Et ces changements dans nos mœurs ne viennent-ils pas précisément de notre trop grande concentration ?

Reste un dernier obstacle : la loi militaire actuelle, mais les circonstances présentes lui donnent une gravité exceptionnelle.

Nous croyons avoir suffisamment prouvé que la concentration est la seule cause de nos plaies sociales et de la décroissance de la population en France. Le remède est dans l'émigration qui, certes, n'est point une cause d'affaiblissement, mais au contraire la source d'une nouvelle richesse. Les Français n'ont rien perdu de la bravoure, de l'ardeur colonisatrice de leurs ancêtres. Pour s'en convaincre, il suffit de citer les noms des Garnier, des Brazza, des Dupuis, des Compiègne, des Lesseps.

Tout bien considéré, nos colonies sont peut-être à l'heure présente les plus avantageuses à la nation au point de vue de l'extension des affaires commerciales. Elles ne sont point suffisantes aux yeux de ceux qui ont souci de la grandeur de notre pays et de la diffusion de notre langue. Seules les colonies territoriales peuvent permettre à notre race de se développer en créant des nationalités sœurs de la nôtre, avec son génie, sa langue et ses qualités spécifiques. C'est ce qui m'amène à parler d'un pays qui, de l'avis des voyageurs, aspire à renouer avec nous des relations plus étroites et à attirer chez lui nos compatriotes.

Le Canada? Contrée hyperboréenne! séjour des Iroquois? Hélas ! telle est l'idée que nous avons eue pendant longtemps de ce pays, confiants dans cette parole de Voltaire: « La France doit s'estimer bien heureuse d'avoir acquis la paix et la tranquillité au prix de quelques arpents de neige ! » Mais ce que nous ignorions, c'est que ces quelques arpents de neige comprennent *9 millions* de kilomètres carrés; et constituent un des plus beaux joyaux de la couronne d'Angleterre ; ce que nous ignorions surtout, c'est que la France y a inscrit une des pages les plus glorieuses de son histoire, et que 1400 millions de nos frères, parlant notre langue, y poursuivent encore l'œuvre de leurs ancêtres, dont ils conservent pieusement les nobles traditions.

Je ne puis vous entretenir dans ce court entretien de la géographie du Canada ; qu'il me suffise de rappeler à vos souvenirs que le Canada comprend toute la région de l'Amérique du Nord qui s'étend de l'Atlantique au Pacifique et de la frontière nord des Etats-Unis à l'Océan glacial arctique, sauf le territoire d'Alaska. Grâce à la variété et à la beauté de ses paysages, le Canada est considéré à juste titre comme un des pays les plus pittoresques. Des montagnes aux cîmes éternellement couvertes de neige, des forêts immenses, des plaines sans fin et presque complètement dénudées quoique très fertiles. Un fleuve incomparable, des lacs grands comme des mers ; tel est l'ensemble des merveilles que la nature a répandues à profusion dans ce beau pays.

Le climat y est assez rigoureux l'hiver : ce qui garantit contre la paresse les fils des Européens qui ont choisi ce salubre séjour. Les étés sont assez chauds, cependant la chaleur est supportable. En somme, le climat du Canada est très salubre, bien que la transition du chaud et du froid y soit assez brusque.

Le Canada produit en grande quantité du poisson, des métaux, de la houille, des pelleteries. Sa population, qui comprend 4,500,000 habitants, composés d'éléments divers, a développé les ressources naturelles du pays, multiplié les voies de communication et poursuivi le défrichement du sol à qui il ne manque pas de bras.

Ces quelques notions rappelées, résumons l'histoire des entreprises françaises au Canada.

II.

Au XV⁰ siècle, à la nouvelle du succès de l'entreprise merveilleuse de Christophe Colomb, les nations européennes furent comme enfiévrées par la passion des découvertes. Engagée dans des guerres continentales, la France ne put prendre immédiatement part à ce mouvement ; seuls quelques Basques, quelques Bretons allèrent au nouveau monde se livrer à la pêche et à la traite des pelleteries avec les sauvages. Se dégageant un instant de ses préoccupations, *François I*ᵉʳ chargea, en *1524*, le florentin Verazzani d'aller reconnaître les côtes de l'Amérique du Nord, mais, à son retour, le voyageur retrouva François Iᵉʳ engagé dans les guerres d'Italie Jaloux de l'extension prise par les Espagnols, il se décida, en 1534, à reprendre ses projets de découvertes. Un navigateur malouin, du nom de *Jacques Cartier*, recommandé au roi par l'amiral Philippe de Chabot, aborda en Gaspésie et visita toute la région du Saint-Laurent, qui prit le nom du Canada. Ce nom venait du mot indien *Kanata*, qui signifie cabane. Un autre nom plein de promesses, tendit à se substituer à celui-là : le nom de Nouvelle-France (1). Reparti de France en 1536,

---

(1) M. Rambaud : La *France coloniale*. 1886. Paris, Armand Colin.

remonte le Saint-Laurent et fonde *Mont-Royal* (Montréal). En 1541, François Ier, qui ne perdait pas de vue l'Amérique, résolut de fonder des établissements au Canada et il confia cette mission au sieur de *Roberval*. Cette tentative de colonisation ne réussit point et les rois du XVIe siècle, écrasés de dépenses par les besoins croissants de l'armée et de l'administration, « dédaignèrent les pays qui pouvaient produire des nations pour ceux qui produisaient des « piastres. La colonisation du Saint-Laurent leur parut une œuvre ingrate qui ne payait pas les avances « d'argent qu'elle exigeait. De François Ier à Henri IV, « il n'est presque plus question du Canada. » (1). En 1603, *Henri IV* concéda pour dix ans à Pierre du Guast, sieur des Monts, tout le pays situé entre le 40me et le 46me parallèles ; de retour en France en *1608*, ce dernier fit un excellent rapport au roi sur les pays qu'il avait visités : c'est à cette date que commence réellement la colonisation. Jusqu'alors, le désir du lucre avait seul présidé à toutes les expéditions : peu importait aux compagnies la colonisation du pays, pourvu que la pêche et les pelleteries leur rapportassent de gros dividendes. Bien que délégué d'une compagnie, CHAMPLAIN fait plusieurs voyages en France pour obtenir des secours, intéresser les grands favoris de la Cour à la colonisation du Canada et réclamer contre les compagnies qui ne remplissaient pas leurs engagements ; enfin il trouva un protecteur puissant dans le cardinal de Richelieu. Le grand ministre commença par annuler toutes les chartes ac-

----

(1) M. Rambaud (même ouvrage).

cordées aux compagnies existantes et forma, en 1627, une compagnie dite des *Cent-Associés* : cette compagnie s'engageait à transporter au Canada quatre mille colons français. Mais un nouvel ennemi apparut sur les bords du Saint-Laurent : Jacques Ier, roi d'Angleterre, qui venait de concéder à ses sujets les territoires concédés en 1603, par Henri IV, au sieur des Monts. Telle fut l'origine de cette série de luttes qui devaient durer près d'un siècle et demi : nous ne pouvons qu'en résumer les principales phases. Québec, réduite à capituler malgré les efforts de Champlain, nous fut rendue par le traité de Saint-Germain-en-Laye, en même temps que l'Acadie et le Cap-Breton. En 1635, Champlain laissait en mourant le Canada en pleine prospérité. Il avait rêvé le Canada puissant, à l'abri des attaques de l'Angleterre : il s'était attaché à son œuvre avec un amour indicible, et la postérité rend hommage à son dévouement et à son abnégation. En 1663, la compagnie des Cent-Associés fut dissoute et le pays passa sous l'autorité directe du gouvernement français. L'administration fut confiée à un gouverneur, qui eut la direction des affaires militaires et des affaires extérieures, à un intendant chargé des affaires intérieures et à un conseil souverain chargé des affaires judiciaires. La colonie, sous cette administration, prit une certaine extension. Québec fut le siège du gouvernement : de nouvelles familles vinrent s'établir au Canada et l'agriculture et l'industrie prirent un nouvel essor. Mais, en 1682, les Iroquois, poussés par les colonies anglaises, firent des incursions fréquentes et massacrèrent des colons établis sur l'île de Montréal. A ces ennemis si redoutables vinrent se joindre les Anglais, qui prirent de nouveau Québec et l'Acadie. Heureusement le traité de Ryswick (1697) rendit ce pays à la France. Les hostilités reprirent durant la guerre de la succession d'Espagne ; le traité d'Utrceht (1713), mit fin à la guerre : l'Acadie et Terre-Neuve étaient cédés à l'Angleterre ; la France garda le Canada, l'île de Cap-Breton, les iles du Saint-Laurent et se réserva le droit de pêche sur les côtes de Terre-Neuve, bénéfice dont elle jouit encore aujourd'hui. De 1713 à 1741, le Canada prit une certaine importance ; le traité d'*Aix-la-Chapelle* (1748), nous restitua Louisbourg, dont l'Angleterre avait pris possession pendant la guerre de la succession d'Autriche ; mais le traité, comme les précédents, délimita mal les frontières des colonies anglaises et des colonies françaises.

Cette question de délimitation de frontières rouvrit de nouveau les hostilités. En dépit de leur petit nombre, les colons français tinrent têtes aux nombreuses armées que mirent sur pied Washington et Franklin, et aux combats de Belle-Rivière, de Chouagen, de Carillon, ils leurs infligèrent d'humiliantes défaites. Survint la guerre de Sept-Ans, qui empêcha la France d'envoyer à *Montcalm* les ressources suffisautes. Exaspérés par cette résistance héroïque d'une poignée de Français, les Anglais résolurent de frapper un grand coup ; malgré l'acharnement des Anglais, qui avaient 118 canons (les Français en avaient 10 !) et 65 mille hommes (l'armée de Montcalm, en comptait à peine 12 mille), Québec dut capituler. Le chevalier de *Lévis*, après la mort de Montcalm tenta de la reprendre, mais l'arrivée d'une flotte anglaise l'obligea à se replier sur Montréal, dont les Anglais prirent possession en 1760. Trois ans plus tard, le traité de Paris, signé le *10 février 1763*, cédait définitivement le Canada à l'Angleterre. Que firent alors les 63,000 colons que le traité de Paris venait de livrer à la merci de notre rivale ? « Au len-« demain de la cession commença pour eux une exis-« tence difficile, semée de pièges et d'embûches. « Privés tout d'un coup de leurs chefs naturels, ces « braves gens, demeurés sans autre guide que leur « clergé, alors peu préparé aux luttes qui allaient « s'ouvrir, se rattachèrent énergiquement à leurs tra-« ditions et à leur glorieux passé (1). » Décidés à lutter jusqu'à la mort pour la défense de ce qu'ils considéraient comme les choses les plus sacrées : à savoir leur langue et leur religion, les Canadiens « restèrent sur le Saint-Laurent pour représenter une « métropole qui avait eu peu souci d'eux, livrée « qu'elle était aux intrigues des courtisans et des « prostituées, et n'ayant d'autre idéal politique que « des conquêtes sur le Rhin et, selon les temps, la « rupture ou la défense de l'équilibre européen (2). » Afin de faire cesser la division qui existait entre les anciens habitants français et les nouveaux colons anglais, l'Angleterre songea à accorder une consti-tution libérale au Canada. En 1791, sur l'instigation de *Pitt*, un acte du parlement métropolitain divisa le

---

(1) M. Achintre, collaborateur de la Revue *La Nouvelle France*. Québec.

(2) M. Onésime Reclus : *Géographie générale*, page 467 et suivantes.

Canada en deux provinces, qui prirent le nom de Haut-Canada et Bas-Canada, avec Québec pour capitale; mais les intérêts des Bas-Canadiens étaient toujours sacrifiés à ceux des Haut-Canadiens d'origine anglaise.

De là des réclamations fréquentes, mais non écoutées du gouvernement métropolitain ; de là aussi une insurrection en 1837, sévèrement réprimée et dont la conséquence fut la suppression du privilège au Bas-Canada du gouvernement représentatif. Lord Dufferin posa en 1840 l'union des deux Canada par l'Acte d'Union ; mais le but poursuivi par cette constitution était l'anglification des Franco-Canadiens et l'anéantissement de la race française. Mais on ne pouvait plus songer à anéantir une race aussi prolifique (les 63,000 Français de 1763 étaient maintenant 850,000 , l'Angleterre songea à l'utiliser pour son propre compte.

Pour mettre un terme aux luttes continuelles des deux nationnalités, on proposa, en 1860, la réunion en une seule confédération de toutes les colonies anglaises de l'Amérique du Nord. Ce projet, longtemps ajourné, finit par réussir, et le *27 mai 1867*, « l'Acte de l'Amérique Britannique du Nord » fut accepté : il règle la constitution actuelle du Canada ; il est modelé sur la Constitution anglaise et reconnaît officiellement les droits des Canadiens-Français.

III

Après avoir retracé à grands traits l'histoire des Canadiens-Français, voyons ce qu'ils ont de commun avec nous. Pendant que Voltaire sapait de son rire moqueur les bases de la vieille société française, les Canadiens-Français opéraient, eux aussi, leur Révotion, sous la conduite de leur clergé. Supposons un rocher qui divise deux courants. Ces deux courants, après avoir serpenté dans des terres diverses, se rencontrent et se demandent si leurs eaux sont tellement modifiées qu'il leur est impossible de se réunir et de poursuivre ensemble le même cours sans en troubler l'harmonie et la pureté.

En 1763, la race française a été partagée en deux courants; le traité de cession du Canada à l'Angleterre a été pour elle ce rocher dont nous venons de parler. Depuis plusieurs années, ces deux courants se sont rencontrés : ils ne se perdent plus de vue et on se demande dans quelle mesure ils peuvent se mélanger pour la plus grande gloire de la race française. Les Canadiens-Français forment une grande famille. Nulle race, en effet, ne constitue peut-être une unité plus parfaite. Comment en serait-il autrement? En 1763, il y avait au Canada 70.000 habitants de race française, il y en avait 1.300.000 en 1881, sans parler des 800.000 qui habitent les Etats-Unis. Tous descendent des 70.000 Français de 1763. N'avions-nous pas raison de dire qu'ils sont membres d'une même famille? Ce développement considérable, ils le doivent à la simplicité de leurs mœurs, au clergé qui encourage beaucoup les mariages, à leur prolificité très considérable et qui n'est pas près de s'éteindre. Ce qui frappe, en effet, lorsqu'on entre dans la maison d'un Canadien-Français, c'est le grand nombre d'enfants qui lui donnent un air de franche et saine gaîeté. Les familles de douze enfants sont très fréquentes; un certain nombre en possèdent plus du double. D'autre part, la mortalité est peu considérable, et beaucoup de Canadiens atteignent un âge très avancé. On comprend ainsi quelles sont leurs mœurs. Ils constituent une race forte et vigoureuse. Si le Canadien-Français est fier de la vigueur de ses muscles et de la solidité ao son estomac, il ne l'est pas moins de sa fidélité à ses lois, à sa religion, à sa langue, qu'il considère comme la meilleure garantie de son indépendance.

Tandis que la France n'a pu se débarrasser de l'ancien système féodal que par la plus sanglante des révolutions, les Canadiens-Français ont accompli la la leur sans aucun trouble : c'est par l'assentiment unanime que s'est modifié chez eux l'ancien régine. Il est vrai que l'absence à peu près complète de seigneurs a rendu la tâche la plus facile ; ces derniers avaient quitté, en effet, en grande partie l'Amérique lors du traité de 1763.

Les Canadiens-Franciens professent la religion catholique romaine. Les protestants en général sont mal vus parmi eux. Il n'y a pas au Canada de religion d'Etat, partant pas de budget des cultes. Par leur générosité et par des taxes en nature prélevées sur les propriétés foncières, les Canadiens pourvoient à l'existence du clergé et à l'entretien des églises. Le clergé, du reste a toujours été à la tête des grandes institutions du pays ; il a même joué parfois un certain rôle dans les affaires politiques et patroné des candidats ; cette influence heureusement a été jugée « indue » par le Saint-Siège, qui a empêché le clergé canadien de se heurter contre un écueil qui aurait certainement porté atteinte à son influence spirituelle. Tous, libéraux ou conservateurs sont respectueux des droits de l'Eglise et du clergé ; si les luttes poliques sont très vives au Canada, si parfois des personnalités sont maltraitées, jamais les questions religieuses ne sont agitées. Les Canadiens ont trouvé le moyen de concilier l'Eglise et les institutions démocratiques. On comprend donc que le clergé ne saurait s'ingérer dans le fonctionnement de celles-ci sans s'exposer à affaiblir la foi des fidèles.

La langue française, telle que nous la parlons aujourd'hui, avec une pointe d'archaïsme qui fait songer à la langue de Bossuet, est la langue en usage chez les Canadiens-Français sans exception ; quelques uns parlent aussi avec beaucoup de pureté la langue anglaise, surtout dans les villes ; de cette facilité à parler également l'anglais et le français il résulte certains anglicismes auxquels du reste la presse et les maisons d'éducation font une guerre acharnée. Certes, c'est une agréable surprise pour le voyageur français qui aborde au Canada d'entendre parler si bien sa langue.

Qu'on nous permette de citer à ce sujet quelques mots d'un entretien que nous avons eu avec un explorateur:

« J'allais à Quebec, nous disait-il, et à bord du paquebot qui faisait la traversée de Liverpool à Québec, se trouvaient quelques Anglais. Apprenant que nous nous rendions à Québec : « Vous rencontrerez, nous dirent-ils, dans cette ville des descendants des anciens colons français, mais ils sont peu nombreux et parlent du reste très mal votre langue » Entrés en rade de Québec, nous ne tardâmes pas à débarquer, et quelle ne fut point notre stupéfaction, en voyant arriver un grand garcon qui s'approcha de nous et nous dit: « Voulez-vous une voiture? » et sur notre réponse affirmative, « Où sont vos bagages? » poursuivit-il. A son accent, à son allure, nous crûmes avoir affaire à un cocher des bords de la Seine. Nous lui demandâmes s'il y avait longtemps qu'il était au Canada. « Mais je suis Canadien-Français,» nous répondit-il. « Et tous parlent comme vous. » — « Mais certainement. »

Si les Canadiens-Français, à la ville comme à la campagne, parlent notre langue avec autant de pureté, il est à remarquer que, à tous les degrés de l'échelle sociale, partout et chez tous, on trouve le même enthousiasme et le même amour pour la France. Je n'en veux pour preuve que les démonstrations d'amitié pour la mère-patrie, qui chaque année, se manifestent le jour de la fête nationale des Canadiens-Français. Ce jour-là, le 24 juin, on ne voit, aussi loin que le regard peut s'étendre, que drapeaux et oriflammes aux couleurs françaises. Partout on n'entend que vieilles chansons françaises agrémentées d'archaïsmes; sur

toutes les places publiques, se tiennent des réunions
où tous les orateurs, jeunes ou vieux, s'expriment en
bon français et avec une éloquence bien faite pour
nous surprendre.

Pour juger combien l'amour pour la France est
ardent au Canada, les exemples et les preuves ne
manquent pas. Aussi n'en citerons-nous que quelques-
uns des plus concluants. Au commencement de ce
siècle, les Canadiens-Français prirent la défense de
Napoléon Ier dès qu'ils virent les Anglais l'accabler
sans merci ; en 1870, la douleur fut grande à la nouvelle de nos désastres ; récemment encore, nous
avons vu les Canadiens nous défendre contre les
attaques de la presse anglaise. En 1815, en 1870, en
1883, ces sentiments prenaient-ils leur origine par
voie d'opposition seulement ? Les faits suivants ré-
pondront.

En 1866, une frégate française, *La Capricieuse,*
entra en rade de Québec. C'était le premier navire
français qui, depuis la cession du Canada à l'Angleterre, eut déployé les couleurs de la France sur les
bords du St-Laurent. L'enthousiasme fut général : les
colons quittaient les profondeurs de la forêt pour
venir contempler ces soldats qui leur parlaient de la
France. Quelques années plus tard, plusieurs Canadiens-Français allèrent combattre au Mexique sous le
drapeau tricolore. A l'heure actuelle, quelque-uns
servent dans les rangs de notre armée active.

Plusieurs années s'écoulèrent. La guerre de 1870
éclata. Des discours furent prononcés sur les places
publiques ; des listes de souscriptions furent envoyées,
qui furent bientôt remplies. Et même , lorsque

emprunt Thiers était couvert, M. Paul Dalloz recevait encore de nombreuses souscriptions.

Ces sentiments ont-ils changé depuis ? Non : les Français sont toujours très bien accueillis au Canada, des banquets sont offerts aux Français de distinction qui visitent ce pays. Nous avons vu, à l'Exposition universelle de 1878, un grand nombre d'envois de Québec, de Montréal ; ces derniers temps aussi, des emprunts canadiens ont été négociés sur la place de Paris. Citons particuliérement l'Union sucrière Franco-Canadienne, le Crédit Foncier Franco-Canadien, l'Emprunt de la ville de Québec.

Oui, maisnous dira-t-on, comment concilier l'amour pour la France avec l'attachement pour la couronne d'Angleterre ? De l'affection du Canada pour la France, il n'y a point à en douter ; on ne saurait d'autre part douter davantage de leur attachement à l'Angleterre. Sur cette question, ils se sont expliqués clairement dans toutes leurs manifestations et nous prenons acte de leurs déclarations (1).

Pendant la guerre de l'Indépendance, les Canadiens-Français refusèrent toutes les promesses qui leur furent faites par les Américains et combattirent les armées de Washington. De longue date ils savaient lequel des deux était le plus à craindre, de l'Anglais ou de l'Américain. De longue date, ils savaient que les colons de la Nouvelle-Angleterre avaient fomenté

---

(1) Voir pour plus de détails : H. de Lamothe : *Cinq mois chez les Français d'Amérique* ; E. Rameau : *La France aux colonies* ; Paul de Cazes : *Notes sur le Canada.*

la guerre contre eux et fait appel à la mère-patrie pour les anéantir. Ils n'avaient pas oublié ces sinistres paroles de *Franklin* : « La paix ne sera jamais assurée sur le continent américain tant qu'il y aura des représentants de la race française. » En 1812, 300 Canadiens infligèrent la plus humiliante des défaites à 2,000 Américains qui tentaient de s'emparer du Canada ; et cependant les Anglais n'étaient point tendres pour eux et poursuivaient leur absorption par tous les moyens. Les Canadiens-Français pensaient avec juste raison qu'il leur serait plus facile de venir à bout d'un ennemi qui n'était pas à leurs portes. Depuis lors les Américains n'ont rien tenté. L'Angleterre connaissait bien leurs sympathies pour la France, et le désir de renouer avec elle des relations plus étroites ; mais ne pouvant le détruire, elle a judicieusement pensé que l'élément français, favorisé et développé, pourrait largement servir ses intérêts. Et alors que voyons-nous ? Lord *Dufferin* inaugure cette politique ; son successeur, le *marquis de Lorne* favorise les colonies canadiennes-françaises, crée une Académie royale où l'élément anglais et l'élément français sont également représentés. En même temps, les libertés les plus étendues sont accordées aux descendants des anciens colons : le drapeau tricolore flotte à leur gré dans toutes les réjouissances publiques. La liberté qui leur est laissée est telle que, en 1867, un régiment de zouaves pontificaux fut recruté au Canada, y fut organisé et put s'embarquer pour l'Italie sans aucune opposition de la part de l'Angleterre.

Celle-ci est donc la meilleure sauvegarde de leurs

droits et de leurs libertés. Mais est-ce seulement à cause de la garantie contre les attaques de leurs compatriotes de race anglo-saxonne que les Canadiens-Français sont ainsi les loyaux sujets de la reine Victoria ? Non. De même qu'autrefois les Canadiens considèrent les Américains comme les plus grands ennemis de leur nationalité. Ils savent très bien qu'ils ne sont point aimés aux Etats-Unis, qu'ils y sont considérés comme des parias et insultés comme tels. La raison en est facile à comprendre. Ils ne veulent point se laisser absorber par les *Yankees*, et partout où les Canadiens-Français sont un peu nombreux dans les villes des Etats de l'Union américaine, ils ont un journal français, un institut canadien : ils font des manifestations ; dans ces réunions, ils parlent de leurs aspirations et s'entretiennent des progrès accomplis et de leurs espérances : ils semblent marcher à la conquête des Etats-Unis. Pour ces raisons, les Canadiens-Français sont fidèlement attachés à la couronne d'Angleterre, et comme le disait très justement un homme d'état canadien : « Ce seront les Canadiens-Français qui tireront le dernier coup de canon pour la défense de la domination anglaise », car en défendant la couronne d'Angleterre, ils défendent en même temps leurs droits et leurs privilèges. Voilà comment ils peuvent être les fidèles sujets de la reine Victoria et nos amis de cœur ; s'ils ne manifestent pas le désir de faire partie de notre domaine colonial, c'est qu'ils savent très bien que nous ne pourrions leur garantir les avantages et les libertés dont ils jouissent, et que nous n'avons pas nous-mêmes. L'avenir des Canadiens-Français est trop grandement lié à celui

du Canada pour ne pas rechercher l'avenir de celui-
ci (1). Le Canada sera-t-il indépendant ? En supposant
qu'il le devienne. quelle sera sa constitution ? Sera--t-il
annexé aux Etats-Unis ? Certes, il serait téméraire de
notre part de porter un jugement décisif sur ces
questions. Sans doute, comme tout peuple bien né,
le Canada aspire à l'indépendance. Mais est-il mûr
pour l'autonomie, pour l'indépendance ? Nous ne le
croyons pas : le Canada n'est point assez développé
pour cela et, du reste. sa situation actuelle ne lui
permettrait pas d'entretenir des représentants à
l'étranger, d'avoir une armée, une flotte à lui. Étant
donné l'état de sa constitution, il peut du reste se
développer à son aise et acquérir par le régime parle-
mentaire toute l'influence qu'il pourra. S'il est indépendant, quelle sera sa Constitution ? Depuis seize ans
sa constitution actuelle a fonctionné de la façon la
plus régulière et la plus harmonieuse ; l'entente règne
entre les Canadiens-Français et les Canadiens-Anglais
qui ne connaissent plus d'autres luttes que la concurrence.

Si toutefois il arrivait que telle province du Canada se développât au point d'imposer sa politique
et de méconnaître les droits des Canadiens-Français,
une annexion aux Etats-Unis serait-elle la conséquence des dissensions et des luttes qui ensanglan-
teraient le Canada ? Nous avons toute raison de croire

---

(1) J'emprunte ces détails sur l'Avenir du Canada à la
Conférence faite à Paris sur le Canada, en 1885, par un
voyageur français, M. Gerbié. Cette conférence était pré-
sidée par M. de Lesseps.

que les Canadiens-Français ne seraient annexés que par la force des armes, à moins que les Etats de l'Union Américaine ne leur garantissent les mêmes droits que l'Angleterre leur garantit aujourd'hui, mais ces avantages, ils savent très bien qu'ils ne les obtiendraient pas. N'ont-ils pas sous les yeux l'exemple de l'Allemagne, qui compte aux Etats-Unis plus de 10 millions de représentants de sa race et qui n'a pu obtenir que la langue allemande fût enseignée à l'école sur le même pied que la langue anglaise.

Quels que soient les vains arrangements de la diplomatie, la nationalité Canadienne-Française subsistera toujours ; cette nationalité est formée : elle sait parfaitement d'où elle vient, où elle est, où elle va, et envisage l'avenir avec confiance. Qu'on nous pardonne cette longue étude des Canadiens-Français. Mais il nous a paru utile de chercher à prouver ce que la race française est capable de faire dans des conditions favorables ; à convaincre nos compatriotes que nous ne devons point considérer les Canadiens-Français comme des étrangers, pas plus qu'ils ne nous considèrent comme tels, que le même sang circule dans nos veines, qu'ils nous aiment sincèrement et cherchent à entretenir avec nous d'étroites relations. Que nos compatriotes sachent donc bien que ceux d'entre eux qui voudraient aller au Canada y seraient accueillis les bras ouverts, que ceux qui s'y établiraient ne seraient point perdus pour nous, qu'ils nous rendraient de très grands services, car les Canadiens-Français nous ont conservé, en même temps que leurs sympathies, la clef d'une porte par laquelle nous pouvons sans coup férir étendre sur le continent américain l'influence de notre race et de notre langue. Malheureusement les tentatives de colonisation française au Canada, pendant ces vingt dernières années, n'ont pas abouti ; et, il faut bien le reconnaître, grâce au peu d'empressement des agents du gouvernement. Il y avait, en 1871, *2,800* Français au Canada, il y en a *5,000* environ aujourd'hui. En 1870, la province de Québec, touchée des infortunes des Alsaciens-Lorrains, envoya à Paris des agents pour leur offrir des terres dans les conditions les plus avantageuses : « Notre exemple, disaient-ils, les encouragera et leur apprendra à ne point désespérer ». Malheureusement cet appel ne fut guère écouté et les quelques Alsaciens qui s'embarquèrent pour l'Amérique ne restèrent point au Canada. Ils préférèrent le séjour des Etats-Unis. Après les tourments de la Commune, 3,000 Français émigrèrent au Canada, mais on dut les rapatrier quelque temps après ; enfin, après plusieurs tentatives infructueuses des F. Trappistes en 1872, une société française se forma en 1873 pour le défrichement des forêts et pour l'établissement des colons français ; malheureusement, cette société eut de nombreux obstacles à vaincre et on en arriva bientôt à la liquidation. Ces entreprises et d'autres moins importantes ont montré quelles fautes avaient été commises et quelles difficultés il fallait vaincre. Nous allons résumer les solutions des économistes relativement à la colonisation française au Canada. Nous nous poserons les deux questions suivantes : Quelle est la classe d'émigrants qui convient au Canada ? Quelles sont les meilleures conditions de succès ? (1)

______

(1) Voir X. Marmier : *Une colonie féodale en Amérique.*

IV.

Relativement à la première question, nous répondons sans hésiter qu'il faut d'abord exclure toutes les professions libérales. Les Canadiens-Français ont hérité de l'esprit normand ; on peut dire qu'ils naissent quelque peu avocats. Toujours est-il que les disciples de Thémis sont trop nombreux parmi eux. Un grand nombre de jeunes avocats sont obligés de descendre dans l'arène politique pour acquérir une situation qu'ils ne peuvent avoir au barreau. De plus, nos avocats ne pourraient pratiquer que dans les provinces de Québec et de Manitoba : ce sont, en effet, les seules provinces où les avocats plaident en français, ils auraient à étudier le droit criminel anglais et les nombreuses modifications apportées par les législateurs canadiens dans la rédaction du Code civil et du Code de procédure civile. Nous en dirons autant des notaires, des médecins, des littérateurs, des journalistes, des musiciens ; mais c'est la classe *ouvrière* et surtout la classe *agricole* qui ont toutes les chances de réussir au Canada. Les journaliers, les mineurs trouveraient à s'occuper dans la construction des chemins de fer. « J'ai vu, nous a dit un voyageur, « à Québec, à Montréal et ailleurs au Canada, un « assez grand nombre d'ouvriers français qui, ayant

« apporté avec eux des idées d'ordre et d'économie,
« caractère distinctif de nos ouvriers, vivaient d'une
« façon large et indépendante et faisaient donner à
« leurs enfants une excellente éducation. » Les gar-
çons de ferme, les laboureurs, les colons, les culti-
vateurs, la classe agricole, en un mot, telle est celle
qui doit émigrer au Canada ; elle peut s'y rendre en
nombre presque illimité. Elle trouvera un travail
rémunérateur. Mais n'y a-t-il pas une autre classe
qui trouverait de grands avantages dans l'émigration?
Nos fils de famille qui se refusent à accepter les idées
de la France contemporaine et qui cherchent dans la
spéculation les ressources qu'ils ne veulent pas
demander à la République Française, feraient bien
d'aller au Canada et de s'y livrer à l'agriculture.

Ils ne feraient en cela que suivre l'exemple donné
par plusieurs jeunes nobles qui, après la débâcle de
l'Union-Générale, ont fait leurs adieux au faubourg
Saint-Germain. Citons parmi eux le fils du duc de Bla-
cas, M. le vicomte de Senencourt, M. de Journel et
tant d'autres qui sont aujourd'hui à la tête de grandes
exploitations agricoles au Canada et auquel le plus
bel avenir est réservé. Que tous se débarrassent donc
de ce préjugé que nous avons pour le nom d'émigrant. L'heure n'est pas éloignée où chacun devra
s'en faire un titre de gloire et c'est peut-être là un
des plus grands services qu'il puisse rendre à la
France.

Demandons-nous maintenant quelles sont les meil-
leurs conditions du succès ? Le *choix des terres*, telle
est l'une der premières conditions de succès pour
l'émigrant. Sur ce point, de l'avis des voyageurs, c'est

la vallée du lac Saint-Jean qui offre les meilleures garanties. Le sol y est entièrement neuf et d'une fertilité qui n'a d'égale que celles des plaines du Nord-Ouest Canadien. Il est aussi nécessaire que le colon ne parte pas de France sans quelques *économies*. L'établissement du colon sur des terres couvertes de forêts demande en effet une grande somme de travail. Ce travail est assez pénible et nos compatriotes, n'ayant pas les aptitudes, ni les moyens nécessaires, « jetant le manche après la cognée » chercheront à s'en retourner bien vite et ils ne manqueront pas de dire que le Canada est un pays où il est impossible... de vivre. Il est nécessaire, d'autre part, que les nouveaux arrivants ne soient pas de suite en contract direct avec les Anglo-Saxons ; de plus, ils ne doivent pas se grouper, mais se disséminer dans la contrée, se mêler aux Canadiens-Français, qui leur feront connaître les secrets du pays. Seuls, ne connaissant pas suffisamment la contrée, ils s'exposeront à des mécomptes ; leur esprit s'aigrira, ils feront retomber la cause de leur insuccès sur les habitants du pays et s'attireront leur hostilité. Au contraire, dans les Canadiens-Français ils trouveront des mentors excellents. A un autre point de vue, ces derniers les initieront aux affaires publiques : en effet, et cela est à noter, citadins et villageois connaissent la valeur et l'étendue de leurs droits politiques.

En terminant, exprimons le souhait qu'une *société de colonisation* se forme au plus tôt pour favoriser l'émigration et procurer aux nombreux métayers, fermiers, laboureurs, qui n'ont pas les moyens d'aller se fixer au Canada les ressources, nécessaires au voyage et les petites économies que nous recommandions aux émigrants.

Cette compagnie acheterait dans la province de Québec ou de Manitoba un grand nombre de terrains, fournirait à ceux qui ne les ont pas les moyens de se rendre de France sur les terres qu'elle leur réserverait. Là, chacun trouverait une petite maison meublée et assez vaste pour sa famille. La Compagnie fournirait des instruments aratoires, des semences. Elle apporterait au gouvernement canadien les garanties les plus sûres de l'exécution de ses engagements. Elle prélèverait sur la récolte annuelle de l'émigrant l'intérêt des sommes prêtées : certains pourraient même payer chaque année un montant réservé à l'amortissement de la dette. Au bout de quelques années, ils seraient propriétaires et arriveraient à une parfaite aisance.

Au Canada, nous avons donc un débouché tout trouvé pour nos produits, et il ne nous coûtera ni un sou, ni un soldat pour nous l'assurer. Nous sera-t-il plus difficile de le garder qu'au Tonkin? Certes non. Nous avons à lutter autant dans nos colonies que dans les autres pays contre la concurrence étrangère. Pour conclure, nous dirons donc, au gouvernement, avec beaucoup d'économistes et de voyageurs, peu de Français émigrent dans nos colonies : vous faites des sacrifices dignes d'un meilleur sort. Pourquoi donc hésiter à favoriser un mouvement que nous désirons voir se produire sans retard? Faut-il répéter que les Français qui émigreraient au Canada ne seraient point perdus pour nous. Ce n'est pas le dépeuplement de la France que nous

demandons, mais une « *émigration raisonnée.* » Peut-
être résultera-t-il une diminution momentanée de la
population, mais cette diminution ne tardera pas à
occasionner un excédent qui, certes, n'est point à re-
douter. A nos compatriotes nous dirons : « Conti-
nuons tous à tourner nos regards vers le Rhin jusqu'à
ce que nous rentrions en possession de l'Alsace-Lor-
raine, que le gouvernement continue à assurer des
débouchés à notre commerce dans le monde entier,
Mais ne perdons pas de vue un seul instant le Canada
et les Canadiens-Français. »